MÉTHODE
DE LECTURE

A L'USAGE DES CLASSES

Tenues par les Religieuses Ursulines de Jésus

DE LA CONGRÉGATION DE CHAVAGNES;

APPROUVÉE PAR MONSEIGNEUR L'ÉVÊQUE DE LUÇON.

PREMIÈRE PARTIE.

SYLLABAIRE FRANÇAIS.

TROISIÈME ÉDITION.

NANTES,
IMPRIMERIE DE VINCENT FOREST,
PLACE DU COMMERCE, 1.

1860.

MÉTHODE
DE LECTURE

A L'USAGE DES CLASSES

Tenues par les Religieuses Ursulines
de Jésus

DE LA CONGRÉGATION DE CHAVAGNES;

APPROUVÉE PAR MONSEIGNEUR L'ÉVÊQUE DE LUÇON.

PREMIÈRE PARTIE.

SYLLABAIRE FRANÇAIS

TROISIÈME ÉDITION.

NANTES,
IMPRIMERIE DE VINCENT FOREST,
PLACE DU COMMERCE, 1.

1860.

APPROBATION

DE

MONSEIGNEUR L'ÉVÊQUE DE LUÇON.

JACQUES-MARIE-JOSEPH, par la grâce de Dieu et du Saint-Siége Apostolique, Évêque de Luçon,

Sur le rapport qui nous en a été fait et sur ce que nous avons vu Nous-même d'un livre intitulé *Méthode de lecture à l'usage des classes tenues par les religieuses Ursulines de Jésus, de la Congrégation de Chavagnes, première partie* : nous avons reconnu que cet opuscule était très-propre à familiariser les enfants avec la lecture de notre langue, et en même temps à former leur esprit et leur cœur, tant par le choix des exemples qui font la matière des exercices, que par les prières et l'abrégé de la Doctrine chrétienne, qui y occupent la place remplie dans la plupart des livres de ce genre par des objets tout profanes.

Nous l'avons en conséquence revêtu de notre approbation.

Donné aux Châteliers, dans le cours de nos visites pastorales, sous notre seing et le sceau de nos armes, et sous le contre-seing de notre secrétaire, le 2 septembre de l'an de grâce 1848.

† JAC.-MAR.-JOS., Évêque de Luçon.

Par Mandement de Monseigneur,

G. GALLOT, Chan. hon., secr.

MÉTHODE DE LECTURE.

1er TABLEAU. — 1er ORDRE DE LECTURE.

A B C D E F G H
I J K L M N O P Q
R S T U V X Y Z.

a b c d e f g h i
j k l m n o p q r s
t u v x y z.

— 4 —

Caractères italiques.

*a b c d e f g h i
j k l m n o p q
r s t u v x y z.*

Voyelles simples.

a e i o u y.

Consonnes simples.

*b c d f g h j k l m
n p q r s t v x z.*

---

(1) *e é è ê   e é è ê.*

(1) Ne faites pas prononcer les accents.

2ᵉ TABLEAU. — 1ᵉʳ ORDRE DE LECTURE.

ba	be	bi	bo	bu
ca	ce	ci	co	cu
da	de	di	do	du
fa	fe	fi	fo	fu
ga	ge	gi	go	gu
ha	he	hi	ho	hu
ja	je	ji	jo	ju
ka	ke	ki	ko	ku
la	le	li	lo	lu

ma me mi mo mu
na ne ni no nu
pa pe pi po pu
qua que qui quo qu
ra re ri ro ru
sa se si so su
ta te ti to tu
va ve vi vo vu
xa xe xi xo xu
za ze zi zo zu.

Exercice.

Ba ga ge, ro be, ga ze, pi lo te, ci ve, tu li pe, ma né ge, vé ri té, so li de, va ni té, fa mi ne, do mi no, qua li té, li qui de, ra me, pè le ri na ge, fa vo ri sé, jo li, Ju da, ré gu la ri té, ki lo, pi qû re, zéro.

Suite du 2ᵉ tableau.

ab	eb	ob	ub	ac
ec	ic	oc	ad	ed
od	ud	af	ef	if
of	uf	ag	eg	ig
og	ug	al	el	il
ol	ul	am	em	im

om um ap ep ip
op up ar er ir
or ur as es is
os us ot ut ax
ex ix ox ez oz.

Exercice.

Na dab, Ho reb, Job, Ségub; sac, bec, pic, Ma roc; Bé na dad, O bed; nef, ca nif, A zof, tuf; zig zag, Zug; Ba al, sel, Nil, Ty rol; Cham, Sem, Sé lim; cap, cep; ba zar, fer, Na dir, Sa por, a zur; vis, A mos, Crésus; dot, Ca nut; Dax, si lex, pré fix; Su ez, Bo oz.

3ᵉ TABLEAU. — 2ᵉ ORDRE DE LECTURE.

bla	ble	bli	blo	blu
bra	bre	bri	bro	bru
cha	che	chi	cho	chu
cla	cle	cli	clo	clu
cra	cre	cri	cro	cru
dra	dre	dri	dro	dru
fla	fle	fli	flo	flu
fra	fre	fri	fro	fru
gla	gle	gli	glo	glu
gna (1)	gne	gni	gno	gnu
gra	gre	gri	gro	gru
pha	phe	phi	pho	phu
pla	ple	pli	plo	plu
pra	pre	pri	pro	pru
spa	spe	spi	spo	spu
sta	ste	sti	sto	stu
tra	tre	tri	tro	tru
vra	vre	vri	vro	vru

(1) Faites prononcer *g* mouillé.

Exercice.

Blâ me, blê me, ou bli, blo ca ge, blu et; bra ve, bre bis, bri de, bro che, bru nir.

Cla que, clé ri ca tu re, cli mat, clo che, clu ny; cra va te, crè che, cri ble, cro che, cru ché.

Dra me, cou dre, per drix, drô le, dru.

Fla con, flè che, fli bot, flo con, flû te; fra cas, frê ne, fri che, fro ma ge, fru gal.

Gla ner, glè be, glis ser, glo be, glu; gra de, grê le, gri ve, grol le, grue.

Pha re, phé nix, phi lo sophe, pho que, pla ge, plè vre, pli ant, ploc, plu me; prali ne, pré lat, pri mat, pro be, pru ne.

Spa, spé cu lé, spi ral, spora de; sta tue, stè re, sty le, sto re, stu peur.

Tra me, trè fle, tri but, tro pe, tru meau.

Signes orthographiques et de ponctuation.

Accents : aigu ′   grave ‵   circonflexe ^   tréma ¨

apostrophe ʼ   cédille ɟ   traits d'union - =   guillemets « »   parenthèses ( )

crochets [ ]   astérisque *   paragraphe §   virgule ,   point-virgule ;

deux-points :   point .   point interrogatif ?   point admiratif !

Chiffres arabes.

1   2   3   4   5   6   7   8   9   0.

4ᵉ TABLEAU. — 2ᵉ ORDRE DE LECTURE.

Sons équivalents ou identiques (*).

A { AS   pas, fri mas, li las.
    AT   mat, plat, rat.
    APS draps.

E | ENT [1] *ils* ai ment.

É { ER   pri er, li mer.
    EZ   nez, ra mez, par lez.
    AI   *j'*ai, *je* chan tai.

È { ET   su jet, ob jet.
    AIT par fait, por trait.
    EI   pei ne, ba lei ne.

Ê { ES [2] mes, tes, ses, les.
    AIS pa lais, *tu* ve nais.
    AIE haie, taie, baie.
    AIENT *ils* ai maient.

(*) On appelle sons *équivalents* ou *identiques* ceux qui se prononcent de la même manière que certaines voyelles.
(1) A la 3ᵉ personne du pluriel des verbes.
(2) Dans les monosyllabes.

I {
 ID nid.
 IL fu sil, ou til, per sil.
 IS a mis, ver nis.
 ITS pro fits, dé fi cits.
 IX prix.
 IZ riz.
}

O {
 AU au tel, bau me.
 EAU beau, ta bleau.
 AO saô ne, ao ris te.
}

U {
 UT tri but, *il* re çut.
 UX flux, re flux.
 EU[1] *j'ai* eu, *il* eût.
}

EU {
 OEU vœu, œu vre.
 HEU heu re, heu reux.
}

OU | AOU août.

[1] Dans les temps du verbe avoir.

AN
{
AM cham bre.
EN en fant, men ta le.
EM em mè ner.
AEN Caen.
AON paon, faon.
EAN Jean.
}

IN
{
IM im pie, lim be.
EIN fein te, des sein.
AIM faim, daim.
AIN re frain, de main.
}

ON
{
OM om bre, tom be.
OND rond, fond, blond.
ONC jonc.
}

UN
{
UM hum ble, par fum.
EUN à jeun.
}

Exercice sur les identiques.

Le paon est un oiseau domestique d'un beau plumage. — Le mois d'août est le huitième de l'année.

5ᵉ TABLEAU. — 2ᵉ ORDRE DE LECTURE.

Diphthongues.

AI   mail, ca mail, por tail.
IA   fia cre, dia cre.
IÉ   a mi tié, pi tié.
IÈ   fiè vre, biè re, ri viè re.
IAI biais.
OI   foi, froid, joie, toit.
EOI bour geois, vil la geois.
OIN foin, poing, coing.
OUIN Bé douin, ba ra gouin.
IO   fio le, pio che, cha riot.

1. On appelle *diphthongue* une syllabe qui fait entendre deux sons distincts prononcés par une seule émission de voix.
2. La réunion de plusieurs voyelles ne forme point une diphthongue si l'oreille n'entend qu'un son.
3. On ne sépare point dans l'épellation les lettres qui composent la diphthongue.

IEN   rien, tien, *il* vient.
IAN   vian de.
IEU   Dieu, lieu, cieux, yeux.
ION   pion, *nous* ai mions.
UA   é qua teur, qua dru pè de.
OUE   ouest.
OUI   oui.
UE   é cuel le, ri tuel.
UI   é tui, pluie, puits.
UIN   juin.

Exercice sur les diphthongues.

La loi *de* Dieu *bien ob*ser vée *fuit* la joie *de l'âme.* — *Les* cieux *an non cent la* gloi re *de leur* cré a teur. — *Le* diacre sert *le* prê tre *à* l'au tel. — *Les* Bédouins *sont des* A ra bes.

SUPPLÉMENT AUX SONS IDENTIQUES.

A. Fri mas, chats, cho-co lat, cer ve las, ca ne vas, sab bat, nou gats, mats, drap, las, re pas, pri mat, fem me, so len nel.

E. Hom mes, ta bles, *ils* chan tent, *ils* pleu rent, *ils* jouent, *ils* crient.

É. Rez-de-chaus sée, par-ler, mon trer, *j*'ai mai.

È ou **Ê.** Con grès, ob jet, paix, *il* est, sei ze, sou haits, laid, legs, faix, por traits, ai de, bei gnet.

Suite du supplément aux sons identiques.

I. Ché tif, puits, ca naris, bé nis, fruits, ou blis, ap puis, *il* a pla nit, *il* sen tit, fu sils, ré cits, sur pris.

O. Au be, ba teau, gâteau, Meaux, oi seau, faux, chaux, sa bot, ri vaux, niveau, ar ti chaut, ré chaud, saut, sceau, seau, Sceaux.

U. Per clus, ver jus refus, a bus, sa luts, af fut, ta lus, at tri buts, ver tus, sur plus, rues, *vous* eûtes, *ils* eu rent.

Suite du supplément aux sons identiques.

OU. Nous, choux, hiboux, roux, loups, bout, beau coup, jou joux, toux, doux, goût, houx, tout, bijoux, vous, ra goûts, sous, fous, ge noux.

AN. En cens, en nui, am bre, jam bon, tam bour, gants, é tang, ha reng, Pente cô te, en ten de ment, gour mand, dent, gens, entends, sou vent, con tent, ser pents, temps, en sem ble, e xempt, or ne ment, sans, sang, cent.

Suite du supplément aux sons identiques.

IN. Ain si, sim ple, sou ve rain, des sins, nain, plein, pein dre, plain dre, ceint, tein dre, vain cus, cein tu re, saint, sein, ins tinct, vain, es saims, teint, *il* tint, tym pan, syn co pe, sain, pain, seing, cinq.

ON. Plomb, bonds, prompt, long, som bre, nom bre, sons, fonts, troncs, fonds, monts, noms, blonds, com pa tir, com plot, com plain te, domp ter, om bre, tom be reau, tronc.

Exercice sur le 1ᵉʳ et le 2ᵉ ordre de lecture.

CARACTÈRES ITALIQUES.

*A b c d e f g h i j k l m
n o p q r s t u v x y z.*

Ba ga ge, ro be, fra cas, phi lo so phe, plu me, cru che, Dax, fri mas, Ba al, pei ne, su jet, por trait, baie, fusil, prix, hi boux, les trous, les clous, exempt, les gants, les ser pents, des gâ teaux, cinq, sous, sein, vingt, fiè re, pi tié, bour geois, vil la geois, bis cuit, ar ti chaut, gour mand, ri vaux, ni veau, sceau, fia cre, fiè vre, fio le, cieux.

5ᵉ ORDRE DE LECTURE.

Iʳᵉ LEÇON.

A

A ca jou, art, abs trait, ra ce, ai gle, ai gre, ra- meau, ar bre, â ge, pâques, â me, pâ te, tâ che, ⁽¹⁾ voi là, A a ron.

E

Eau de vie gloi re, ⁽²⁾ ef- fré né, cré ée, ⁽³⁾ pè re, mère, fi dè le, sé vè re, ⁽⁴⁾ tem pê te, é vê que, ⁽⁵⁾ en nui, en cens, ci guë, Is ra ël.

1. L'*a* est long ou bref. Long, il est ordinairement marqué d'un accent circonflexe (1).
On distingue trois sortes d'*e*, l'*e* muet, l'*e* fermé et l'*e* ouvert.
2. L'*e* muet se fait à peine sentir dans la prononciation (2).
3. L'*e* fermé se prononce la bouche presque fermée (3).
4. L'*e* ouvert se prononce avec une ouverture de bouche un peu plus grande. Il peut être plus ou moins ouvert, selon les différents cas, et particulièrement selon l'accent dont il est marqué (4) (5).

Exercice.

Ho no re ton père et ta mère. — Vo tre âme a é té créée à l'i ma ge de Dieu. — L'a gri cul tu re est le pre mier des arts. — L'en nui est in con nu à ce lui qui s'oc cu pe u ti le ment. — La pri è re est un encens d'a gré a ble o deur qui mon te jus qu'au trô ne de l'E ter nel. — L'acajou est un beau bois. — La gloire d'un en fant est d'ê tre do ci le à ses maî tres. — L'aigle est le roi des oi seaux. — On ap pel le nom bres abstraits ceux qu'on é non ce sans dé ter mi ner la na tu re de l'u ni té.

IIe LEÇON.

I

Ir ré li gieux, if, i voi re, ri re, im pru dent,[1] in do ci le,[2] Na ïm, Sé lim,[3] im mor tel, in no ver, in né,[4] i na ni mé, é pî tre.

O

Oc troi, o ran ge, rô le, hô te,[5] om bra ge, bon,[6] obs ta cle, fort, al co ol, on gle, oi gnon, or dre, poi gnard, sort, o do rat, voi le, no tion, mois son.

1. *I* conserve le son aigu qui lui est propre au commencement, dans le corps et à la fin des mots. Avant l'une des consonnes *m* (1) ou *n* (2), et formant avec elles une syllabe, *i* devient nasal.

2. Il perd le son nasal dans les noms propres (3) et lorsque *m* ou *n* sont redoublés (4).

3. *O* marqué d'un accent circonflexe se prononce long (5); placé avant l'une des consonnes *m*, *n*, et formant avec elles une syllabe, il prend le son nasal (6).

Exercice.

L'en fant indocile se ra tou jours i gno rant. — Le mot épître veut di re let tre. — L'if est un ar bre toujours vert. — On ap pel le alcool de l'es prit de vin très-pur. — Les dents de l'é lé phant nous four nissent l'ivoire. — L'orange, fruit de l'o ran ger, est très-a gré a ble au goût. — Il faut en trer au bureau de l'octroi, pour y payer les droits mis sur les den rées. — Il faut surmon ter les obstacles qui em pê chent de fai re le bien.

IIIᵉ LEÇON.

U

Pro di gue [1] lui, ré duit, [2] hum ble, [3] dé funt, un, [4] chu te, Sa ül, hu meur, rue, hu gue not, u ni vers, ci guë.

Y

I. Yo le, Dey, y, Bey, [5] cy-gne, Ly on, mys tè re, sym-bo le, ty ran. [6]

II. Vo ya ge, no yau, lo yal, cra yon, jo yeux, vo yel le, mo yen, pa ys. [7]

1. *U* est fréquemment employé pour donner au *g* un son particulier ; dans ce cas il est ordinairement muet (1). Joint à la voyelle *i*, *u* forme une diphthongue (2).

2. Il est nasal lorsqu'avant l'une des consonnes *m* (3) ou *n* (4), il compose avec elles une syllabe.

L'*y* s'emploie pour un *i* ou pour deux *i*.

3. Il s'emploie pour un *i* au commencement et à la fin des mots (5), et dans le corps du mot entre deux consonnes (6).

4. L'*y* s'emploie pour deux *i* dans le corps du mot entre deux voyelles, ainsi *joyeux*, *noyau*, *moyen*, etc. (7), se prononcent

Exercice.

U ne hu meur égale et dou ce fait le charme de la so cié té. — Il faut marcher mo des te ment dans les rues. — Le cygne est un oi seau a qua ti que; il a le plu ma ge blanc. — La pêche est un bon fruit; son noyau est très-dur. — Yole, pe tit ba teau. — Le symbole des A pô tres est l'a bré gé des mystères de la foi. — Bey, Dey, gou ver neurs turcs. — Le mot voyelle veut di re voix.

comme s'ils s'écrivaient *joi ieux*, *noi iau*, *moi ien*. Il en est de même du mot *pays*.

(On ne met point un *i grec* mais un *i simple* avant la consonne *p* redoublée dans le corps d'un mot : *Hippolyte, Hyperbole.*)

IVᵉ LEÇON.

Voyelles brèves.

Bet te, ta che, hal le, hot-te, pat te, ma tin, pom me, ga ge, mal le, ba lei ne, pê-cheur, cot te, sac, bec, co-mè te, fo ret, met tre, net, pei ne, mat, bas, *il* croit.

Voyelles longues.

Bê te, tâ che, hâ le, hô te, pâ te, mâ tin, pau me, â ge, mâ le, a lê ne, pê cheur, cô te, legs, sacs, pê che, tem pê te, fo rêt, maî tre, *il* naît, pê ne, mât, bât, *il* croît.

1. Les voyelles *brèves* sont celles sur lesquelles on passe plus ou moins rapidement.
2. On appelle voyelles *longues* celles sur lesquelles on appuie plus longtemps en les prononçant.

Exercice sur les voyelles longues et brèves.

Le chat a mis sa patte sur ma ro be; il y a lais sé u ne tache. — Ma malle est fai te; quand par ti rai-je? — J'ai mis de l'ar gent dans mon sac. — Le bec d'un oi seau. — Ma tâche est fi nie, j'au rai ma ré com pen se. — Ce gros mâtin est mé chant. — La pâte de ce bis cuit est bien fai te. — Ce pêcheur a pris beau coup de sar di nes. — Le pêne fait par tie d'u ne ser ru re. — L'âge de rai son com men ce à la dis tinc tion du bien et du mal.

Vᵉ LEÇON.

CONSONNES REDOUBLÉES.

BB   ab bé, sab bat, rab bin.
CC   ac ces sit, ac ci dent ⁽¹⁾.
DD   ad di tion, ad duc teur ⁽²⁾.
FF   of fi cier, ef fet, of fi ce.
GG   ag gra ver, sug gé rer ⁽³⁾.
LL   sol li ci ter, ⁽⁴⁾ col lé ge ⁽⁵⁾.
MM   som me, im men se ⁽⁶⁾.
NN   con son ne, ⁽⁷⁾ in né ⁽⁸⁾.
PP   ap pé tit, ap pa reil.
RR   ir ré gu lier, ⁽⁴⁾ par rain ⁽⁵⁾.
SS   a dres se, pa res se.
TT   gut tu ral, ⁽⁴⁾ chat te ⁽⁵⁾.

1. Lorsque *b*, *f*, *p* sont redoublés, on ne doit en prononcer qu'un.
2. Les deux *c* se prononcent lorsqu'ils sont suivis de *e* ou de *i* (1).
3. On ne prononce les deux *d* que dans *addition*, *reddition*, *adducteur* (2).
4. On ne prononce qu'un *g* dans les mots où cette lettre est redoublée, excepté lorsqu'ils sont suivis d'un *e* fermé (3).

Exercice sur les consonnes redoublées.

Le jour du sabbat é tait le sa me di chez les juifs. — L'addition est u ne des qua tre o pé ra tions fon da men ta les de l'a rith mé ti que. — Cet en fant a i nu ti le ment sollicité ses pa rents pour en trer au collége. — Men tir pour ca cher une fau te, c'est l'ag gra ver. — Le mot consonne veut di re son ne a vec. — Offrez de bon ne grâ ce et don nez sans pei ne.

(Les lettres *l*, *r*, *t* redoublées se prononcent dans quelques mots (4), et dans d'autres on n'en prononce qu'une (5).

6. On ne prononce ordinairement qu'un *m*, excepté lorsque *m* redoublé est précédé d'un *i* (6), et dans quelques autres mots.

7. Il y a des mots où *n* redoublé ne se prononce pas (7), et d'autres où les deux se font entendre (8); on doit toujours les prononcer dans les noms propres.

8. Lorsque *s* est redoublé on n'en prononce qu'un, mais on le prononce fortement.

VIᵉ LEÇON.

B

Ban quet, ba ra que, ba-rio ler, bar ba ris me, bar-bet, bar ba rie, ban de, bi-tu me, ber li ne, bo ca ge, bâ tir, bo bi ne, ber ceau, blon de, bom be, bran-che, bri que, brut, brû ler, bri o che, buis, bron ze, brai ze, brun, blu et, banc, bras, bruit, blanc, bou le, bleu, abs te nez, ab sou dre, sub ve nir, o bé is sez, rab-bin, plomb, a plomb,[1] Jo ab, Mo ab.[2]

---

1. De quelque lettre que le *b* soit suivi, il conserve toujours la prononciation qui lui est propre, soit *au commencement*, soit *au milieu du mot*.

Le *b* final ne se prononce pas dans *plomb, aplomb* (1); il se prononce dans *Joab, Moab* (2).

Exercice.

Abstenez-*vous du mal, et fai tes le bien.* — *Le plomb est plus pe sant que le bronze.* — *Le bluet croît dans les blés; il y en a de blancs et de bleus.* — *Baraque, pe ti te mai-son mal bâtie.* — *U ne bobine est un pe tit mor-ceau de bois rond, à re-bords, pour dé vi der de la soie ou du fil.* — *On ap pel le barbares les peu-ples non ci vi li sés.* — *Le bocage est un ter-rain plan té d'ar bres pour l'u ti li té ou pour l'a-gré ment.*

VIIe LEÇON.

C

Café, côté, cuve, cave, co lè re, cu min, cou su, ac ca bler, arc, cein tu re, ci tron,⁽¹⁾ fran çais, ma çon, re çu,⁽²⁾ se cond, se con de, se con der.⁽³⁾

CH *se prononçant* che.

Cha peau, chat, chè vre, che veu, chi co rée, chien, cho co lat, chi che, chu te, chaî ne, cha ri té, Cho let.

CH *se prononçant* k.

Ar chan ge, Christ, chœur, Chrê me, é cho, Chal dée.

1. *C* a le son du *k* au commencement, dans le corps et à la fin des mots, quand il n'est pas suivi de l'une des voyelles *e* ou *i* (1), ou marqué d'une cédille (2). Dans ces deux cas il se prononce doux, c'est-à-dire avec le son de *s*.

Dans le mot *second* et ses dérivés, *c* prend le son accidentel *g* (3).

Exercice.

Le café mo ka est le plus re cher ché. — Le cumin est u ne plan te. — Le chocolat est bon pour l'es to mac. — Par le second com man de ment, il est dé fen du de ju rer. — Le saint Chrême est com po sé de bau me et d'huile. — La charité est u ne des trois ver tus thé o lo ga les. — La chèvre est un a ni mal dont le poil est très-re cher ché; son lait est bien fai sant.

VIIIᵉ LEÇON.

D

Dat tes, dé ca lo gue, do mi no, du vet, do mai ne, dé sir, di vi ni té, de mi, or dre, ad mi ra ble, ad mi nis tré, a ma dou, ad joint, ad di tion, grand ar bre, grand hom me,[1] froid, chaud, se cond, nid,[2] Da vid, Jo ad, O bed.[3]

Exercice.

Dattes, fruit du palmier. — Le froid et le chaud sont nécessaires aux hommes et aux plantes. — L'ordre de l'univers est admirable.

---

1. D initial et dans le corps du mot conserve sa prononciation propre.
2. Final, d sonne comme t devant un mot commençant par une voyelle ou un h muet (1), et dans quelques cas il reste nul (2).
3. D final se prononce dans les noms propres (3).

IXᵉ LEÇON.

F.

Front, fruit, fleur, fleu ve, fi guier, fle xi ble, fou dre, four, fron de, fort, franc, frais, ra fraî chis sant, af fai re, vif, soif, nerf, œuf, bœuf, chef, nef, cerfs, juifs [1], clef [2], nerfs, œufs, bœufs [3].

Exercice.

Le figuier *ne por te point de fleurs, son fruit,* rafraî*chissant et bon, est peu sa vou reux dans le Nord où le froid est vif.*

1. F conserve presque toujours le son qui lui est propre au commencement et au milieu des mots.
2. Final, il se fait ordinairement sentir, tant au singulier qu'au pluriel (1). Il ne se prononce pas dans *clef* (2) ni dans les mots pluriels *nerfs, œufs, bœufs* (3).

Xᵉ LEÇON.

G

Gé nie, gin gem bre, gi-got [1], gui mau ve, gué rir [2], ai guil le [3], ga zon, goût, ar-gu ment, geai, pigeon [4], a-gneau, rè gne, ci go gne, si-gnal, ma gna ni me, com pa-gnie, si gne, sai gner, gui gne [5], long, rang, sang, joug [6], gno mon, gnos ti que [7], vingt, doigt, aug men ter, lan gue, ar gi le, an ge, gar dien, gé o-gra phie, ge nêt, é gard, me-rin gues, gi vre, gî te, gras.

1. G prend le son accidentel *j* avant les voyelles *e*, *i* (1).
2. Pour rendre au *g* le son dur qui lui est propre avant *e*, *i*. on le fait suivre d'un *u*, qui ordinairement muet (2), se prononce dans quelques cas (3).
3. G devant *a*, *o*, *u*, devient doux quand on le fait suivre d'un *e* (4).
4. Employé dans le corps du mot, *g* est dit mouillé lorsqu'il est suivi d'un *n* (5).
5. Final, *g* est ordinairement nul; il se prononce *k* devant une voyelle (6).
6. Au commencement des mots, *g* suivi de *n* se prononce ordinairement *gue* (7).

Exercice.

La gloi re n'est due qu'à Dieu ; lui seul est grand. — *Le joug du Seigneur est doux, et le far deau qu'il im po se est lé ger.* — *L'ange du jeu ne To bie le gui da pen dant son long voyage, le pré ser va de tout dan ger, et lui donna de sa lu tai res con seils.* — *Nos anges gardiens nous ren dent aus si les plus grands ser vi ces ; ils mé ri tent tou te sorte d'é gards.* — *Jé sus-Christ mangea l'agneau pas cal, fi gu re de l'Eu cha ris tie.* — *É tu di ez a vec goût la langue fran çai se et la géographie.* — *Il a su é sang et eau pour par ve nir au rang é le vé qu'il oc cu pe.*

XIᵉ LEÇON.

H

H muet. Hom me, heu re, hé ro ï ne, huî tre, ha bi tu de, hi ver, heu reux, hon nê te, his toi re, ha bit, hu ma ni té, hui le [1].

H aspiré. Ha sard, houx, hé ros, hon te, hi bou, ha ricots, ho mard, hup pe, han neton, har di, co hue, tra hir [2].

Exercice.

Vi vez de tel le sor te qu'à vo tre der niè re heure vous n'a yez point de re mords. — Les fruits du hêtre *don nent u ne* huile *très-dou ce. — Le* houx *four nit la glu.*

La consonne h est muette ou aspirée.
1. Muet, h ne se fait pas sentir dans la prononciation (1).
2. Aspiré, il empêche toute liaison entre la consonne qui le précède et la voyelle qui le suit (2).

XIIᵉ LEÇON.

J

Ja lou sie, Jé ré mie, jargon, ju ju bier, jas min, jamba ge, jour, joint, joie, jongleur, ma jus cu le, ad ju ger, j'i gno re, j'i rai ⁽¹⁾.

K

Ker mès, ki lo, kios que, ka ba, mo ka, Nan kin, Stockolm ⁽²⁾.

Exercice.

Le jujubier *croît dans les* pays chauds. — *L'Arabie fournit l'excellent café* moka. — *Le* nankin *est un tissu de coton jaune fort connu.*

---

1. *J* conserve toujours le son qui lui est propre; il ne se redouble point, ne se met jamais avant une consonne, ni à la fin d'un mot, et ne se trouve que par élision avant la voyelle *i* : j'ignore, j'irai (1).

2. *K* n'est employé que dans les mots bretons et ceux qui viennent des langues du Nord et de l'Orient (2).

XIIIᵉ LEÇON.

L

Le çon, lai ne, la me, lam pe, fi nal, lau rier, lu ne, li vre, la van de, la vis, lat tis, lec tu re, lé ga tai re, let tre, la pin, lan cier, lè vre, liè vre, li las, lin ceul, lo gis, lu miè re, li gne, fu sil, ou til, gril, per sil, sour cils, ba ril, cou til [1], pro fils, vils [2], sol li ci ter, al lé go rie.

Exercice.

Le riche comme le pauvre n'emportera au tombeau qu'un linceul. — *Le lilas fleurit à la* fin *d'avril.* — *Le* lièvre *et le* lapin *sont timides.*

1. La consonne *l* finale ne se fait pas sentir dans un certain nombre de mots, ainsi : *fusil*, etc. (1).
2. On la prononce au pluriel dans ceux où elle doit l'être au singulier (2) ; elle est nulle dans les autres.

XIVᵉ LEÇON.

L

Mil, é cueil, or gueil, so leil, tra vail, vieil, œil, seuil, vermeil, pa reil, re cueil, fil le, gre nouil le, vieil le, feuil le, cor beil le, ca ril lon, tail le, o reil le, vieil lard, meil leur, il lus tre [1], mil lion, vil le, mil le, fil [2].

Exercice.

Les illusions *de l'orgueil amusent l'enfant et le* vieillard. — *Le* soleil *est un* million trois cent mille *fois plus gros que la terre.* — *Une* grenouille *vit un bœuf qui lui sembla de belle* taille.

3. Le son de *l* est dit *mouillé*, lorsque cette lettre, seule ou redoublée, est employée dans le corps ou à la fin d'un mot après la voyelle *i* (1).
4. Cette règle a des exceptions que l'usage apprendra (2)

XVᵉ LEÇON.

M

Ma nus crit, mar gue ri te, musc, mu rail le, mé ri nos, em me ner, com ble, som bre, sim pli ci té ⁽¹⁾, im mor ta li té, im men se, im man qua ble ⁽²⁾, am nis tie ⁽³⁾, con dam ner ⁽⁴⁾.

Exercice.

La marguerite *est* l'emblème *de la* simplicité; *c'est l'une des premières et des plus jolies fleurs du* printemps. — *Ne* condamnez *point et vous ne serez point* condamnés. — *Le* musc *est un petit animal ruminant, de la taille du chevreuil.*

1. La consonne *m* suivie de l'une des trois lettres *m*, *b*, *p* (4), se prononce *n*, et devient nasale (1).
2. Les mots commençant par *im*, et dans lesquels *m* est redoublé, font exception à cette règle (2).
3. Il y a des cas dans lesquels *m* suivi de *n* conserve le son qui lui est propre (3); il le perd dans d'autres (4).

XVIᵉ LEÇON.

N

Na ger, né bu leux, nè gre, ni che, nu a ge, neu tre, en orgueil lir, en i vrer ⁽¹⁾, en vie, en cre ⁽²⁾, in gré dient, é den, e xa men, in no ver, in né, sien ne, an neau, Eu ro pé en, so len nel.

Exercice.

Le nègre envie *à l'*Européen *sa couleur, et préfère à toute autre le rouge vif qui fait ressortir la* sienne. — *Il ne faut jamais s'enorgueillir de ses talents, car c'est le Seigneur qui les a confiés.*

N suivi d'une voyelle conserve le son qui lui est propre.
1. Les mots *s'enorgueillir*, *s'enivrer*, et leurs dérivés, se prononcent comme si l'*n* étant redoublé, le premier se prononçait nasal et le second articulé (1).
2. Précédé d'une voyelle, et suivi d'une consonne autre que la lettre *n*, l'*n* prend le son nasal (2).
3. Dans les noms propres tirés des langues étrangères, *n* n'est jamais nasal, ces langues n'admettent pas ce son.

XVIIᵉ LEÇON.

P

Pa pier, pé ril, pi geon, po-teau, pu ri fier, psau me, beau coup, trop, champ, drap, si rop, loup ⁽¹⁾, temps, e xempt, prompt, domp ter ⁽²⁾, a dop ter, A lep, ja lap, cap, pha lan ge, cam phre ⁽³⁾, ap pren ti.

Exercice.

Le camphre brûle dans l'eau; on en recueille beaucoup aux Antilles. — Appliquez-vous à dompter vos penchants; il vous sera facile de le faire pendant que vous êtes jeunes. — Le psautier contient cent cinquante psaumes.

P conserve le son qui lui est propre au commencement et à la fin des mots.

1. Final, il ne se fait pas sentir dans un grand nombre de mots, où il n'est conservé que par étymologie (1).
2. *P* est ordinairement nul entre deux consonnes (2).
3. Suivi d'un *h*, *p* se prononce *f* (3).

XVIIIe LEÇON.

Q

Qua li té, qua li fi ca tion, que relle, quit tan ce, quo li-bet, qui pro quo, ac qué rir, ac quit ter, cinq, coq ⁽¹⁾, Quin-qua gé si me, a qua ti que, a-qua ti le, é qua teur ⁽²⁾.

Exercice.

Les qualités *du cœur sont préférables à celles de l'esprit. — Il faut éviter les* querelles *et les* qualifications *injurieuses. — Le dimanche de la* Quinquagé-sime *précède le Carême. — Une plante* aquatique *vit dans l'eau et une plante* aquatile *ne peut vivre qu'à la surface de l'eau.*

1. La consonne *q* ne s'emploie que suivie de la voyelle *u*, excepté dans quelques mots où elle est finale (1). Cette consonne ne se redouble point.
2. *Qu* a le son de *cou* dans quelques mots (2).

XIXᵉ LEÇON.

R

Ra goût, ré ga ler, ri va ge, ro bus te, ru che, mer cre di, fer, or, cher, mer [1], lu ci fer [2], a mer [3], hi ver [4], te nir [5], of fi cier, en tier [6], dan ger, ber ger, ton ner re, fu reur, rhu me, rhu ma tis me, rhé tho ri que [7].

Exercice.

Les flots de la mer en fureur *imitent le bruit du* tonnerre. *— Il y a moins de* danger *à être* berger *qu'à être* roi. *—* L'or *est le plus recherché des métaux.*

R initial et dans le corps d'un mot se prononce sans variation.
1. Final, *r* se prononce dans les monosyllabes (1), dans les mots terminés en *er*, quand ils sont précédés des lettres *f* (2), *m* (3), *v* (4), et dans ceux en *ir* (5).
2. R final ne se prononce pas dans les polysyllabes en *ier* (6).
3. La consonne *h* après l'*r* est nulle (7).

XXᵉ LEÇON.

S

Sa ge, sé jour, si gne, soci é té, su cre, son, schis te, schis me [1], ab so lu [2], dis que, tran si tif, tran sit [3], bos su, mous se, mi sè re, rai son [4], pa ra sol, pré sé an ce [5], conseil, avis, mœurs.

Exercice.

Dieu a donné la raison à l'homme et l'instinct aux animaux. — Recevez un bon conseil avec reconnaissance, et suivez-le.

S conserve le son qui lui est propre dans les mots où il est initial.
1. S initial et suivi d'une consonne se fait à peine sentir. (1).
2. Dans le corps du mot, *s* précédé d'une consonne garde sa prononciation propre (2) ; dans plusieurs cas, il sonne comme *z* dans certains mots (3).
3. S entre deux voyelles prend ordinairement le son accidentel *z* (4).
Cette règle a de nombreuses exceptions (5).

XXIᵉ LEÇON.

T

Table, tocsin, tiare, tiède, digestion, mixtion, (¹) moitié, amitié, modestie, (²) maintien, soutien, antienne, (³) abject, mort, indirect, (⁴) respect, fat, sept.

Exercice.

Abcdefghijklmnopqrstuvxyz.

Que la modestie brille dans votre maintien et dans vos paroles: cette vertu inspire le respect et attire la bienveillance.

T initial ne varie jamais.
1. Dans le corps des mots, *t* conserve toujours le son qui lui est propre lorsqu'il est précédé d'un *s* ou d'un *x*, et suivi d'une voyelle (1).
2. Il le conserve aussi dans la plupart des mots en *tie* (2), ceux en *tien* et en *tienne* (3).
3. Le *t* final ne se fait point entendre (4), cependant il y a quelques exceptions que l'usage apprendra.

XXIIe LEÇON.

T

Prend le son accidentel ci.

Patient, partial, essentiel, protection, (¹) Dioclétien, Vénitien, (²) primatie, démocratie, (³) prophétie, (⁴) thé, orthographe, absinthe, théologie. (⁵)

Exercice.

L'orthographe est l'art d'écrire correctement les mots. — Le meilleur thé vient de la Chine. — Dioclétien persécuta cruellement les chrétiens.

4. *Ti* devant une voyelle se prononce *ci* dans les mots terminés en *tial, tiel, tion* (1).
5. Dans les noms terminés en *tien* (2), dans ceux en *atie* (3) et quelques-uns de ceux en *tie* (4).
6. Le *th* n'a pas d'autre son que celui du *t* simple (5).

XXIIIᵉ LEÇON.

V

Valeur, vérité, vigueur, volonté, vue, vacance, vol, voix, voisin, violon, vie, verjus, veuve, naïveté, brève, neuve, rêve, (¹) wagon, (²) wiski, (³) Westphalie.

Exercice.

Dieu exauce les vœux de la veuve et de l'orphelin. — La naïveté charme dans un enfant; la vérité plaît à tout âge. — Le wagon est une voiture de transport sur les chemins de fer.

1. La prononciation du *v* ne varie jamais (1).
2. Dans les mots où le *w* double est francisé, il se prononce comme le *v* simple (2).
(3) Dans les mots étrangers il se prononce *ou* (3). Cette règle n'est pas générale.

XXIVᵉ LEÇON.

X

CS   axe, maxime, luxe. (¹)

SS   Bruxelles, soixante. (²)

GZ   examen, exhiber. (³)

C   exception, exciter. (⁴)

Z   deuxième, sixième. (²)

      borax, (⁵) Aix. (⁶)

Exercice.

Le monde a des maximes que l'Évangile réprouve. — Dieu créa le monde en six jours. — L'énigme du sphinx.

1. X a le son de *cs* dans le corps du mot, entre deux voyelles, quand la lettre initiale du mot n'est pas e (1). Cette règle a de nombreuses exceptions (2).
2. Lorsque la lettre initiale d'un mot est e, entre deux voyelles, *x* se prononce *gz* (3), dans ce cas, la consonne *h*, placée entre l'*x* et la voyelle qui suit, est nulle.
3. L'*x* devant un c doux se prononce *k* (4).
4. X ne se redouble point; final, il se prononce dans certains mots avec le son qui lui est propre (5), dans quelques cas, il se prononce *s* (6).

XXVᵉ LEÇON.

Z

Zinc, zône, zéro, zénith, zéphir, zigzag, zèbre, zodiaque, zèle, azur, bazar, colza, gazon, topaze, luzerne, horizon, lézard (¹) gaz, Suez, Rodez. (²)

Exercice.

Le zinc est un métal solide d'un blanc bleuâtre. — La topaze est une pierre précieuse d'un beau jaune foncé. — Le zèbre est un animal du genre de l'âne; il a la peau traversée de bandes noires.

Z conserve le son qui lui est propre au commencement e dans le corps des mots (1). Final, il sonne comme s dans quelques mots (2).

XXVIᵉ LEÇON.
RÉCAPITULATION.

Mail, pitié, rouet, étui, aigle, rameau, arbre, encens, gloire, ivoire, indocile, imprudent, octroi, odorat, ongle, utile, prodigue, biscuit, symbole, bruyère, paire, secs, mûres, abbé, sabbat, rabbin, accabler, accessit, accident, addition, offrir, effet, office, aggraver, suggérer, collége, alliance, solliciter, allégorie, somme, Ammon, immense, consonne, inné, Apennins, appétit, appareil, parrain, carrosse, erreur, chatte, attendre, guttural, bronze, bluet, subvenir, archange, compas, duvet, admirable, four, fleuve, juif, guimauve, gerbe, agneau, aiguille, argile, un hasard, des haricots, les héros, des historiens, les huîtres, joug, adjuger, Moka, Nankin, lilas, vil, mil, fil, travail, grenouille, illusion, marguerite, encre, ingrédient, paysan, païenne, pigeon, psaume, sirop; phalange, équateur, acquérir, mercredi, fer, geler, rhume, résumé, essence, tocsin, aspect, absinthe, partial, verjus, brève, maxime, exception, borax, azur, topaze, colza, sphinx.

PRIÈRES.

XXVIIe LEÇON.

✝ Au nom du Père, et du Fils, et du Saint-Esprit. Ainsi soit-il.

L'Oraison Dominicale.

1. NOTRE Père, qui êtes aux cieux, que votre nom soit sanctifié :
2. Que votre règne arrive :
3. Que votre volonté soit faite sur la terre comme au ciel :
4. Donnez-nous aujourd'hui notre pain de chaque jour :
5. Et pardonnez-nous nos offenses comme nous pardonnons à ceux qui nous ont offensés :
6. Et ne nous laissez point succomber à la tentation :
7. Mais délivrez-nous du mal. Ainsi soit-il.

La Salutation Angélique.

Je vous salue, Marie, pleine de grâce, le Seigneur est avec vous : vous êtes bénie entre toutes les femmes, et Jésus, le fruit de vos entrailles, est béni.

Sainte Marie, Mère de Dieu, priez pour nous, pauvres pécheurs, maintenant et à l'heure de notre mort. Ainsi soit-il.

Le symbole des apôtres.

1 Je crois en Dieu, le Père tout-puissant, Créateur du ciel et de la terre :
2. Et en JÉSUS-CHRIST, son Fils unique Notre-Seigneur :
3. Qui a été conçu du Saint-Esprit, est né de la Vierge Marie :
4. A souffert sous Ponce Pilate, a été crucifié, est mort et a été enseveli :
5. Est descendu aux enfers, le troisième jour est ressuscité des morts :
6. Est monté aux cieux, est assis à la droite de Dieu le Père tout-puissant :
7. D'où il viendra juger les vivants et les morts.
8. Je crois au Saint-Esprit :
9. La sainte Église catholique, la Communion des Saints :
10. La rémission des péchés :
11. La résurrection de la chair :
12. La vie éternelle. Ainsi soit-il.

XXVIIIe LEÇON.

La confession des péchés.

JE confesse à Dieu tout-puissant, à la bienheureuse Marie toujours vierge, à saint Michel Archange, à saint Jean-Baptiste, aux Apôtres saint Pierre et saint Paul, à tous les Saints, (et à vous, mon Père,) que j'ai beaucoup péché, par pensées, par paroles et par actions; c'est ma faute, c'est ma faute, c'est ma très-grande faute; c'est pourquoi je prie la bienheureuse Marie toujours vierge, saint Michel Archange, saint Jean-Baptiste, les Apôtres saint Pierre et saint Paul, tous les Saints, (et vous, mon Père,) de prier pour moi le Seigneur notre Dieu.

QUE le Dieu tout-puissant nous fasse miséricorde, qu'il nous pardonne nos péchés, et nous conduise à la vie éternelle. Ainsi soit-il.

† Que le Dieu tout-puissant et miséricordieux nous donne indulgence, absolution et rémission de nos péchés. Ainsi soit-il.

Acte de foi.

Mon Dieu, je crois fermement tout ce que la sainte Église catholique, apostolique et romaine m'ordonne de croire, parce que c'est vous qui le lui avez révélé, et que vous êtes la vérité même.

Acte d'espérance.

Mon Dieu, j'espère avec une ferme confiance, que vous me donnerez, par les mérites de Jésus-Christ, votre grâce en cette vie et votre gloire dans l'autre, si j'observe vos saints commandements et ceux de votre Église, parce que vous l'avez promis et que vous êtes fidèle dans vos promesses.

Acte de charité.

Mon Dieu, je vous aime de tout mon cœur et par-dessus toutes choses, parce que vous êtes infiniment bon et infiniment aimable; j'aime aussi mon prochain comme moi-même, pour l'amour de vous.

Acte de Contrition.

Mon Dieu, je me repens de tout mon cœur de vous avoir offensé, parce que vous êtes infiniment bon, infiniment aimable, et que le péché vous déplaît; je vous en demande très-humblement pardon, et je fais un ferme propos, moyennant votre sainte grâce, de faire pénitence et de ne vous offenser jamais.

Acte d'adoration.

Mon Dieu, je vous adore et vous reconnais pour le seul Dieu, pour le Créateur et le souverain Seigneur de toutes choses.

XXIXᵉ LEÇON.

Les commandements de Dieu.

1. Un seul Dieu tu adoreras,
    Et aimeras parfaitement.
2. Dieu en vain tu ne jureras,
    Ni autre chose pareillement.
3. Les dimanches tu garderas,
    En servant Dieu dévotement.
4. Tes Père et Mère honoreras,
    Afin de vivre longuement.
5. Homicide ne commettras,
    De fait ni volontairement.
6. Luxurieux point ne seras,
    De corps ni de consentement.
7. Le bien d'autrui tu ne prendras,
    Ni retiendras injustement.
8. Faux témoignage ne diras,
    Ni mentiras aucunement.
9. L'œuvre de chair ne désireras,
    Qu'en mariage seulement.
10. Biens d'autrui ne convoiteras,
    Pour les avoir injustement.

Les commandements de l'Église.

1. Les Dimanches la Messe ouïras,
    Et Fêtes de commandement.
2. Ces mêmes jours sanctifieras,
    Sans travailler servilement.
3. Tous tes péchés confesseras,
    A tout le moins une fois l'an.
4. Ton Créateur tu recevras,
    Au moins a Pâques humblement.
5. Quatre-Temps, Vigiles, jeûneras,
    Et le Carême entièrement.
6. Vendredi, chair ne mangeras,
    Ni le samedi mêmement.

Prière avant le repas.

Que Notre Seigneur Jésus-Christ nous donne, s'il lui plaît, ainsi qu'à la nourriture que nous allons prendre, sa sainte bénédiction. † Au nom du Père, et du Fils, et du Saint-Esprit. Ainsi soit-il.

Prière après le repas.

Nous vous rendons grâces de tous vos bienfaits, ô Dieu tout-puissant, qui vivez et régnez dans tous les siècles des siècles. Ainsi soit-il

Louanges à Dieu, paix aux vivants, repos aux trépassés. Et vous, Seigneur, ayez pitié de nous. Grâces à Dieu.

XXXᵉ LEÇON.
ABRÉGÉ
DE LA DOCTRINE CHRÉTIENNE.

Dieu est un esprit infiniment parfait, créateur du ciel et de la terre et souverain Seigneur de toutes choses.

Il n'y a qu'un seul Dieu en trois personnes égales et distinctes, Père, Fils et Saint-Esprit. Le Père est Dieu, le Fils est Dieu, le Saint-Esprit est Dieu : néanmoins ces trois personnes ne sont pas trois Dieux, mais un seul et même Dieu.

Le Fils de Dieu, qui est la seconde personne de la Sainte Trinité, s'est fait homme en prenant un corps et une âme semblables aux nôtres. C'est Notre Seigneur Jésus-Christ, vrai Dieu et vrai homme tout ensemble.

Il a été conçu dans le sein de la bienheureuse Vierge Marie sa mère, par l'opération du Saint-Esprit. L'Église en fait la fête le 25 mars.

Il naquit à Bethléem, dans une étable, et fut mis dans une crèche; la fête de sa naissance s'appelle le jour de Noël.

Huit jours après, il commença à répandre son sang par la Circoncision, et c'est alors qu'il fut nommé Jésus, c'est-à-dire Sauveur : on en fait la fête le premier jour de l'an.

Il a passé sur la terre trente-trois ans ou environ, dans une vie pauvre et laborieuse.

Il est mort sur la croix pour nos péchés : on en fait mémoire le Vendredi-Saint.

Le même jour, vers six heures du soir, son corps fut mis dans le sépulcre et son âme descendit aux Limbes, pour y consoler les âmes des justes, qui y attendaient sa venue, le Paradis ayant toujours été fermé depuis le péché d'Adam.

Le troisième jour après sa mort, il se ressuscita par sa propre vertu : c'est le jour de Pâques.

Quarante jours après, il monta au Ciel : c'est le jour de l'Ascension.

Dix jours après l'Ascension, le jour de la Pentecôte, il envoya le Saint-Esprit à ses apôtres et à son Église.

A la fin du monde, il viendra juger tous les hommes. Pour lors nous ressusciterons tous : nous serons tous assemblés : nous comparaîtrons tous devant le tribunal de Notre-Seigneur, pour entendre la sentence qui sera prononcée par Jésus-Christ lui-même.

Outre le jugement général, il y a le jugement particulier. Aussitôt que notre âme sera séparée de notre corps, elle paraîtra devant Dieu. Nous serons jugés selon nos œuvres; c'est-à-dire que nous serons éternellement bienheureux avec Dieu dans le Paradis, si nous gardons ses saints Commandements et ceux de l'Église, ou éternellement malheureux avec les démons dans l'enfer, si nous mourons ennemis de Dieu par le péché mortel.

Les âmes de ceux qui meurent sans péché mortel,

mais qui n'ont pas entièrement satisfait à la justice de Dieu, iront pour un certain temps en purgatoire; elles peuvent y être soulagées par les prières et les bonnes œuvres des fidèles.

Jésus-Christ a institué sept sacrements, qu'il nous a laissés pour notre sanctification :

Le Baptême, la Confirmation, l'Eucharistie, la Pénitence, l'Extrême-Onction, l'Ordre et le Mariage.

1. Le Baptême efface le péché originel, et nous fait chrétiens, enfants de Dieu et de l'Église. Il efface aussi les péchés actuels qu'on aurait commis avant de le recevoir, pourvu qu'on ait la contrition de ces péchés. Celui qui est baptisé promet de croire tout ce qui est enseigné par l'Église, de renoncer au démon, à ses œuvres et à ses pompes, et de vivre en fidèle chrétien. Il est absolument nécessaire d'être baptisé pour être sauvé : on peut cependant suppléer au défaut du Baptême par le martyre ou par la charité parfaite, quand il n'est pas possible de le recevoir en réalité.

Pour bien baptiser il faut, avec l'intention de faire ce que fait l'Église, verser de l'eau naturelle sur la tête de la personne que l'on baptise; en disant en même temps, et sans faire sur soi-même le signe de la croix : *Je te baptise, au nom du Père, et du Fils, et du Saint-Esprit. Ainsi soit-il.* Il est absolument nécessaire que la même personne verse l'eau et prononce les paroles : sans cela le baptême serait nul.

2. La Confirmation nous rend parfaits chrétiens, en

nous donnant le Saint-Esprit, et la force de confesser la foi que nous avons reçue au baptême.

3. L'Eucharistie, que l'on appelle aussi le Très-Saint-Sacrement, contient véritablement, réellement et substantiellement le corps, le sang, l'âme et la divinité de Notre Seigneur Jésus-christ, sous les espèces ou apparences du pain et du vin.

Pour bien communier, il faut être en état de grâce et avoir une grande dévotion.

Il faut être à jeun, si ce n'est lorsqu'on communie en viatique.

4. La Pénitence efface les péchés commis après le Baptême.

Pour recevoir avec fruit le sacrement de Pénitence, il faut faire cinq choses : 1° examiner sa conscience; 2° avoir une grande contrition de ses péchés; 3° faire un ferme propos de ne plus offenser Dieu; 4° confesser tous ses péchés à un prêtre approuvé, sans en cacher un seul; car si nous cachions volontairement un seul péché mortel, nous ferions un sacrilége; 5° satisfaire à Dieu et au prochain, c'est-à-dire, avoir la volonté sincère de réparer l'injure faite à Dieu et le tort fait au prochain, acceptant la pénitence imposée par le prêtre et les afflictions que Dieu nous envoie.

5. L'Extrême-Onction est un sacrement institué pour soulager spirituellement et corporellement les malades, et pour les aider à bien mourir. Elle leur donne des forces pour supporter avec patience les

douleurs de la maladie, et leur rend la santé, si Dieu le juge à propos pour leur salut.

6. L'Ordre donne le pouvoir de remplir les fonctions ecclésiastiques, et la grâce de les exercer saintement.

7. Le Mariage sanctifie l'alliance des époux et leur donne la grâce de vivre dans une sainte union, et d'élever leurs enfants dans l'amour et la crainte de Dieu.

C'est l'Église qui nous enseigne toutes ces vérités : c'est aussi de l'Église et de ses pasteurs qu'il faut recevoir l'instruction chrétienne : car Notre-Seigneur Jésus-Christ a dit aux Pasteurs de l'Église : *Allez, enseignez toutes les nations; voici que je suis avec vous tous les jours jusqu'à la consommation des siècles.* Notre-Seigneur dit encore de *regarder comme un païen et un publicain celui qui n'écoute pas l'Église.* L'Église ne peut donc se tromper : c'est donc Jésus-Christ lui-même qui nous parle par son Église; Jésus-Christ le divin Messie, l'attente des nations; Jésus-Christ, en qui se sont accomplies toutes les figures et toutes les prophéties de l'Ancien Testament; Jésus-Christ, qui a prouvé sa divinité par les innombrables miracles qu'il a opérés, et qui ont été opérés dans tous les temps en son nom, depuis les Apôtres jusqu'à nos jours, dans la sainte Église.

C'est donc d'une foi inébranlable que nous devons croire toutes les vérités de la religion, et avec une soumission parfaite que nous devons pratiquer tous les commandements que nous fait ou que nous propose de la part de Dieu la sainte Église de Jésus-Christ, Église *visible* pour tous ceux qui ne ferment pas les yeux à la lumière : Église *une, sainte, catholique* et *apostolique;* caractères divins, que n'osa jamais s'attribuer aucune secte séparée de l'Église *Romaine;* cette Église à laquelle nous avons le bonheur d'appartenir, et qui est le vaisseau mystérieux qui doit nous conduire au port de la bienheureuse éternité.

XXXIe LEÇON.

PREMIÈRE CONJUGAISON, *en ER.*

VERBE *AIMER.*

Indicatif présent.

Singulier.	Pluriel.
J'aime,	Nous aimons,
Tu aimes,	Vous aimez,
Il aime,	Ils aiment.

Imparfait.

J'aimais,	Nous aimions,
Tu aimais,	Vous aimiez,
Il aimait,	Ils aimaient.

Prétérit ou Passé défini.

J'aimai,	Nous aimâmes,
Tu aimas,	Vous aimâtes,
Il aima,	Ils aimèrent.

Prétérit ou Passé indéfini.

J'ai aimé,	Nous avons aimé,
Tu as aimé,	Vous avez aimé,
Il a aimé,	Ils ont aimé.

Prétérit ou Passé antérieur.

Singulier.
J'eus aimé,
Tu eus aimé,
Il eut aimé,

Pluriel.
Nous eûmes aimé,
Vous eûtes aimé,
Ils eurent aimé,

Plus-que-Parfait.

J'avais aimé,
Tu avais aimé,
Il avait aimé,

Nous avions aimé,
Vous aviez aimé,
Ils avaient aimé.

Futur.

J'aimerai,
Tu aimeras,
Il aimera,

Nous aimerons,
Vous aimerez,
Ils aimeront.

Futur passé.

J'aurai aimé,
Tu auras aimé,
Il aura aimé,

Nous aurons aimé,
Vous aurez aimé,
Ils auront aimé.

Conditionnel présent.

J'aimerais,
Tu aimerais,
Il aimerait,

Nous aimerions,
Vous aimeriez,
Ils aimeraient.

Conditionnel passé.

J'aurais aimé,
Tu aurais aimé,
Il aurait aimé,

Nous aurions aimé,
Vous auriez aimé,
Ils auraient aimé.

Second Conditionnel passé.

J'eusse aimé,
Tu eusses aimé,
Il eût aimé.

Nous eussions aimé,
Vous eussiez aimé,
Ils eussent aimé.

Impératif.

Point de 1re personne.
Aime,
Qu'il aime,

Aimons,
Aimez,
Qu'ils aiment.

Subjonctif présent ou *Futur.*
Il faut, il faudra

Singulier.	Pluriel.
Que j'aime,	Que nous aimions,
Que tu aimes,	Que vous aimiez,
Qu'il aime,	Qu'ils aiment.

Imparfait.
Il fallait

Que j'aimasse,	Que nous aimassions,
Que tu aimasses,	Que vous aimassiez,
Qu'il aimât,	Qu'ils aimassent.

Prétérit ou *Passé.*
Il faut

Que j'aie aimé,	Que nous ayons aimé,
Que tu aies aimé,	Que vous ayez aimé,
Qu'il ait aimé,	Qu'ils aient aimé.

Plus-que-Parfait.
Il faudrait

Que j'eusse aimé,	Que nous eussions aimé,
Que tu eusses aimé,	Que vous eussiez aimé,
Qu'il eût aimé,	Qu'ils eussent aimé.

Infinitif présent. Aimer.
Infinitif passé. Avoir aimé.
Participe présent. Aimant.
Participe passé. Aimé, aimée, ayant aimé.

XXXIIe LEÇON.

DEUXIÈME CONJUGAISON, *en* IR.

VERBE *FINIR.* (1res personnes.)

Singulier.	Pluriel.
Je finis.	Nous finissons.
Je finissais.	Nous finissions.

Singulier.	Pluriel.
Je finis.	*Nous finîmes.*
J'ai fini.	*Nous avons fini.*
J'eus fini.	*Nous eûmes fini.*
J'avais fini.	*Nous avions fini.*
Je finirai.	*Nous finirons.*
J'aurai fini.	*Nous aurons fini.*
Je finirais.	*Nous finirions.*
J'aurais fini.	*Nous aurions fini.*
J'eusse fini.	*Nous eussions fini.*
Que je finisse.	*Que nous finissions.*
Que je finisse.	*Que nous finissions.*
Que j'aie fini.	*Que nous ayons fini.*
Que j'eusse fini.	*Que nous eussions fini.*

TROISIÈME CONJUGAISON, en OIR.

VERBE RECEVOIR. (3mes personnes.)

Singulier.	Pluriel.
Tu reçois.	*Vous recevez.*
Tu recevais.	*Vous receviez.*
Tu reçus.	*Vous reçûtes.*
Tu as reçu.	*Vous avez reçu.*
Tu eus reçu.	*Vous eûtes reçu.*
Tu avais reçu.	*Vous aviez reçu.*
Tu recevras.	*Vous recevrez.*
Tu auras reçu.	*Vous aurez reçu.*
Tu recevrais.	*Vous recevriez.*
Tu aurais reçu.	*Vous auriez reçu.*
Tu eusses reçu.	*Vous eussiez reçu.*
Que tu reçoives.	*Que vous receviez.*
Que tu reçusses.	*Que vous reçussiez.*
Que tu aies reçu.	*Que vous ayez reçu.*
Que tu eusses reçu.	*Que vous eussiez reçu.*

QUATRIÈME CONJUGAISON, en RE.

VERBE RENDRE. (3mes personnes.)

Singulier.	Pluriel.
Il rend.	*Ils rendent.*
Il rendait.	*Ils rendaient.*

Singulier.	Pluriel.
l rendit.	Ils rendirent.
l a rendu.	Ils ont rendu.
l eut rendu.	Ils eurent rendu.
l avait rendu.	Ils avaient rendu.
l rendra.	Ils rendront.
l aura rendu.	Ils auront rendu.
l rendrait.	Ils rendraient.
l aurait rendu.	Ils auraient rendu.
l eût rendu.	Ils eussent rendu.
u'il rende.	Qu'ils rendent.
u'il rendît.	Qu'ils rendissent.
u'il ait rendu.	Qu'ils aient rendu.
u'il eût rendu.	Qu'ils eussent rendu.

XXXIIIe LEÇON.

CRI DES ANIMAUX.

Singulier.	Pluriel.
'abeille *bourdonne*.	Les abeilles *bourdonnent*.
'aigle *trompette*.	Les aigles *trompettent*.
'alouette *grisolle*.	Les alouettes *grisollent*.
'âne *brait*.	Les ânes *braient*. [sen'.]
e bœuf *beugle, mugit*.	Les bœufs *beuglent, mugis-*
e bourdon *bourdonne*.	Les bourdons *bourdonnent*.
a brebis *bêle*.	Les brebis *bêlent*.
a caille *carcaille*.	Les cailles *carcaillent*.
e canard *nasille*.	Les canards *nasillent*.
e cerf *brame*.	Les cerfs *brament*.
e chat *miaule*.	Les chats *miaulent*.
a chauve-souris *grince*.	Les chauve-souris *grincent*
e cheval *hennit*.	Les chevaux *hennissent*.
e chien *aboie*.	Les chiens *aboient*.
a chouette *hue*.	Les chouettes *huent*.
a cigale *craquette*.	Les cigales *craquettent*.
e cochon *grogne*.	Les cochons *grognent*.
a colombe *gémit*.	Les colombes *gémissent*.
e coq *coqueline*.	Les coqs *coquelinent*.

Singulier.	Pluriel.
Le corbeau *croasse*.	Les corbeaux *croassent*.
Le courlis *siffle*.	Les courlis *sifflent*.
Le crapaud *coasse*.	Les crapauds *coassent*.
Le dindon *glougloute*.	Les dindons *glougloutent*.
Le faon *râle*.	Les faons *râlent*.
Le grillon *grésillonne*.	Les grillons *grésillonnent*.
La grue *craque*.	Les grues *craquent*.
Le hanneton *bourdonne*.	Les hannetons *bourdonnent*.
L'hirondelle *gazouille*.	Les hirondelles *gazouillent*.
La hupe *pupule*.	Les hupes *pupulent*.
Le jars *jargonne*.	Les jars *jargonnent*.
Le lapin *glapit*.	Les lapins *glapissent*.
Le lion *rugit*.	Les lions *rugissent*.
Le loriot *siffle*.	Les loriots *sifflent*.
Le loup *hurle*.	Les loups *hurlent*.
Le merle *siffle*.	Les merles *sifflent*.
Le moineau *pépie*.	Les moineaux *pépient*.
Le mouton *bêle*.	Les moutons *bêlent*.
L'oie *siffle*.	Les oies *sifflent*.
Le perroquet *parle*.	Les perroquets *parlent*.
La pie *jacasse*.	Les pies *jacassent*.
Le pigeon *roucoule*.	Les pigeons *roucoulent*.
La poule *glousse*.	Les poules *gloussent*.
Le rossignol *gringotte*.	Les rossignols *gringottent*.
Le serpent *siffle*.	Les serpents *sifflent*.
Le taureau *mugit*.	Les taureaux *mugissent*.
La tourterelle *gémit*.	Les tourterelles *gémissent*.
La vache *mugit*.	Les vaches *mugissent*.

QUESTIONNAIRE

DE

LA MÉTHODE DE LECTURE.

Combien y a-t-il de lettres dans l'alphabet?
Comment se divisent les lettres?
Combien y a-t-il de voyelles?
Nommez-les?
Combien y a-t-il de consonnes?
Quelles sont-elles?
Quels sont les principaux signes orthographiques et de ponctuation?

L'accent aigu se met sur les e fermés qui terminent la syllabe; l's, l'x n'empêchent point l'emploi de l'accent.

L'accent grave s'emploie sur les e ouverts qui terminent la syllabe.

L'accent circonflexe se place sur les voyelles longues et très-ouvertes.

Le tréma se met sur l'une des voyelles e, i, u, lorsqu'elles sont précédées d'une autre voyelle, et que la première doit être séparée de la seconde dans la prononciation.

L'apostrophe s'emploie à la place d'une voyelle retranchée par euphonie, c'est-à-dire pour éviter un son désagréable.

La cédille se place sous le c devant les voyelles a, o, u, pour lui donner le son de s.

Le trait d'union sert à unir plusieurs mots.

Page 12. — (*) Qu'appelle-t-on sons équivalents ou identiques?

Page 15. — 1. Qu'appelle-t-on diphthongue?

2. La réunion de plusieurs voyelles forme-t-elle toujours une diphthongue?

3. Sépare-t-on, dans l'épellation, les lettres qui forment une diphthongue?

Page 22. — 1. Comment se prononce la voyelle *a* marquée d'un accent circonflexe?

Combien distingue-t-on de sortes d'*e*?

2. Quelle est, dans la prononciation, l'influence de l'*e* muet?

3. Comment se prononce l'*e* fermé, et de quel signe est-il ordinairement marqué?

4. Quel est le son de l'*e* ouvert?

Peut-il être plus ou moins ouvert?

Quels sont les accents dont il est le plus souvent marqué?

Page 24. — 1. Quel est le son propre de l'*i*?

Comment se prononce l'*i* placé avant une des consonnes *m* ou *n*, et formant avec elles une syllabe?

2. Quels sont les cas dans lesquels *i* joint à l'*m* ou à l'*n*, ne prend pas le son nasal?

3. Comment se prononce l'*o* marqué d'un accent circonflexe?

L'*o* formant un syllabe avec l'*m* et l'*n* prend-il le son nasal?

Page 26. — 1. Quelle est la valeur de l'*u* employé pour donner au *g* un son particulier.

L'*u* joint à l'*i* se fait-il sentir dans la prononciation?

2. Comment se prononce l'*u* formant une syllabe avec l'une des consonnes *m* ou *n*?

3. Quelle est la valeur de l'*y* au commencement ou à la fin des mots, et dans le corps du mot entre deux consonnes?

4. Comment se prononce l'*y* entre deux voyelles?

Page 28. — 1. Qu'appelle-t-on voyelles brèves?

2. Qu'appelle-t-on voyelles longues?

Page 30. — 1. Lorsque *b, f, p,* sont redoublés, doit-on prononcer les deux lettres?

2. Devant quelle lettre *c* redoublé se prononce-t-il?

3. Dans quels mots doit-on prononcer les deux *d*?

4. Quand faut-il prononcer les deux *g*?

5. Les lettres *l, r, t, s* redoublées se prononcent-elles toujours?

6. Que doit-on faire lorsque *s* est redoublé?

7. Doit-on toujours prononcer les deux *m*?

8. Les deux *n* se prononcent-ils toujours, et doit-on les faire entendre dans les noms propres?

Page 32. — 1. La prononciation du *b* est-elle toujours la même?

2. Y a-t-il quelques mots dans lesquels *b* ne se prononce pas? Se prononce-t-il dans les noms propres?

Page 34. — 1. Quel est le son propre du *c*?

2. Quelles sont les voyelles devant lesquelles *c* devient doux, et quel signe orthographique lui donne le même son?

Page 36. — 1. *D* initial et dans le corps du mot conserve-t-il sa prononciation propre?

2. Comment se prononce le *d* final devant un mot commençant par une voyelle ou un *h* muet?

3. *D* final se prononce-t-il dans les noms propres?

Page 37. — 1. La lettre *f* conserve-t-elle toujours le son qui lui est propre?

2. *F* final se fait-il toujours sentir?

Page 38. — 1. Quel son prend le *g* avant une des voyelles *e, i*?

2. Quelle voyelle rend au *g*, devant les voyelles *e, i*, le son dur qui lui est propre?

3. Dans quel cas le *g* devient-il doux devant les voyelles *a*, *o*, *u* ?

4. Quelle consonne donne au *g*, employé dans le corps du mot, le son mouillé ?

5. Comment se prononce le *g* final ?

6. Comment se prononce le *g* suivi de *n* au commencement des mots.

Page 40. — 1. Doit-on faire sentir *h* muet dans la prononciation ?

2. Lorsqu'un mot finit par une consonne, et que le mot suivant commence par un *h* aspiré, doit-on faire sentir la liaison ?

Page 41. — 1. *J* conserve-t-il toujours le son qui lui est propre ? Se redouble-t-il ? Peut-il se mettre avant une consonne et à la fin des mots ? Dans quel cas se trouve-t-il placé avant *i* ?

2. Dans quels mots *k* est-il employé ?

Pages 42 *et* 43. — 1. La consonne finale *l* se prononce-t-elle toujours au singulier ?

2. Dans quel cas la prononce-t-on au pluriel ?

3. *L* seul ou redoublé, employé dans le corps du mot après la voyelle *i*, a-t-il un son particulier ?

4. *L*, seul ou redoublé, employé dans le corps du mot après la voyelle *i*, est-il toujours mouillé ?

Page 44. — 1. Quel son prend l'*m* avant l'une des consonnes *m*, *b*, *p* ?

2. N'y a-t-il point d'exception à cette règle ?

3. *M* suivi de *n* se prononce-t-il toujours avec le son qui lui est propre ?

Page 45. — 1. *N* suivi d'une voyelle conserve-t-il le son qui lui est propre ?

Quels mots font particulièrement exception à cette règle, et comment se prononcent-ils ?

2. Quel son prend l'*n* suivi d'une consonne autre que la lettre *n*?

3. Pourquoi l'*n*, dans les noms étrangers, n'est-il jamais nasal?

Page 46. — 1. *P* se prononce-t-il toujours lorsqu'il est final?

2. Comment se prononce le *p* entre deux consonnes?

3. Quel son prend le *p* suivi d'un *h*?

Page 47. — 1. Que remarquez-vous sur la consonne *q*? Cette lettre se redouble-t-elle?

2. Comment se prononce *qu* dans quelques mots?

Page 48. — 1. *R* final se fait-il entendre dans les monosyllabes? Se prononce-t-il dans les mots terminés en *er*, quand ils sont précédés des lettres *f*, *m*, *v*, et dans ceux en *ir*?

2. Comment se prononce *r* dans les polysyllabes en *ier*?

3. La consonne *h* placée après *r*, se fait-elle sentir?

Page 49. — 1. *S* initial suivi d'une consonne se fait-il sentir dans la prononciation?

2. *S* précédé d'une consonne dans le corps du mot garde-t-il sa prononciation propre?

3. Quel est le son de *s* entre deux voyelles? Cette règle a-t-elle des exceptions?

Pages 50 *et* 51. — 1. Comment se prononce *t* employé dans le corps du mot, précédé d'un *s* ou d'un *x*, et suivi d'une voyelle?

2. Comment se prononce-t-il dans quelques mots en *tie*, dans ceux en *tien* et en *tienne*?

3. *T* final se prononce-t-il?

4. Quel est le son du *t* dans les mots terminés en *tial*, *tiel*, *tion*?

5. Dans les mots en *tien*, en *atic*, et quelques-uns en *tie*, quel son prend-il?

6. Quel est le son du *th*?

Pages 52. — 1. La prononciation du *v* varie-t-elle ?

2. Dans les mots où le *w* est francisé, comment faut-il le prononcer ?

3. Dans les mots étrangers, comment se prononce-t-il ordinairement ?

Page 53. — 1. Quel est le son de *x* entre deux voyelles quand la lettre initiale n'est pas *e* ?

Y a-t-il des exceptions à cette règle ?

2. Comment se prononce *x* entre deux voyelles dans un mot dont la lettre initiale est *e* ?

3. Quel son a l'*x* suivi d'un *c* doux ?

4. Comment se prononce-t-il à la fin des mots ?

Page 54. — Comment se prononce *z* final ?

NOTA. Lorsque les enfants lisent par syllabes, il faut les habituer à faire sentir les consonnes sur les voyelles. Lorsqu'elles lisent couramment, elles doivent faire toutes les liaisons qui peuvent rendre la lecture agréable, et omettre celles dont la prononciation serait dure à l'oreille.

Nantes, imprimerie de VINCENT FOREST, place du Commerce, 1.

www.ingramcontent.com/pod-product-compliance
Lightning Source LLC
LaVergne TN
LVHW020943090426
835512LV00009B/1686